작가의 말

생각지도 못한 자서전이라니...
쉽게 믿어지지 않는다.
자서전을 글로 쓰고 그림으로 그려가면서 나의 고단했던 인생살이가 주마등처럼 지나갔다.
이제 마무리하며 돌아보건데 잡초 같았던 나의 인생은 한 송이 크고 아름다운 꽃임을 알게 되었다.
내 이야기는 우리나라 아픈 역사 속 역경을 딛고 일어선 이 시대 민중의 이야기이다.
돌아보니 고난 속에서도 인간다움을 지키며 살아가려는 몸부림의 세월이었다.
후손들이 어떤 길이 더 인간다운지 짐승의 길을 가지말고 더 아름다운 인간의 길을 선택하고
살아가면 좋겠다.
부족한 그림책 자서전이 출판될 수 있도록 도와준 작가의탄생 출판사와 함께해주신 분들께
감사의 절을 올립니다.
참 고맙습니다.

© 2023 글·그림 주대채
초판 1쇄 2023년 6월 25일

지은이 주대채
펴낸이 김용환
디자인 박지현 정지윤
마케팅 이동글 안종성
발행처 (주)작가의탄생
임프린트 코이북스
주   소 04521 서울특별시 청계천로 40(다동) 한국콘텐츠진흥원 CKL 1315호 (한국관광공사서울센터 빌딩)
출판등록 제406-2003-055호 **홈페이지** www.zaktan.com
ISBN 979-11-394-1403-5   07990

* 코이북스는 작가의탄생의 그림책 출판 임프린트입니다.
  이 책 내용의 전부 또는 일부를 이용하려면 반드시 저작권자와 (주)작가의탄생의 서면동의를 받아야 합니다.
* 잘못된 책은 바꾸어 드립니다.
* 책값은 뒤표지에 있습니다.

잡초 속에서 핀 꽃
민초

글·그림 주대채

일제강점기, 6·25전쟁,
일곱 번의 기적과 군부 쿠데타...
그 참혹한 현실을 뚫고

코이북스

나는 일제강점기 메마른 땅에서 움튼 잡초처럼 자라났다.
학교에서는 일본 말만 배웠고 우리말을 하다가 들키면 선생에게
"조센징와 닌겐쟈 나이!" (조선인은 사람도 아니다)라는
모욕과 함께 매를 맞거나 친구끼리 뺨을 때리는 벌이 내려졌다.

나의 아버지는 힘이 장사라 가장 위험하고 추운 곳, 함경북도 아오지 탄광에 징용되어 탄광이 무너지지 않도록 갱목을 받치는 막장 일을 하셨고 형님은 탄을 캐셨다.

내가 여섯 살이 되는 해에 광주에 살던 식구들이 아오지 탄광 근처로 이사해서 함께 살았다.

내 나이 열두 살에 해방이 되어, 그리운 고향으로 돌아가게 되었다.
1945년 10월 1일 아오지 탄광을 출발하여 함경북도 청진에서 5일간을
기다려 석탄 운반 기차의 화물칸에 콩나물처럼 끼어 남쪽으로 왔다.

밖에 매달린 사람들, 지붕 위에 올라탄 사람들.... 화물기차를 탄 사람들은 터널을 지날 때마다 목숨을 걸었다. 북녘의 철길은 험난하고 산맥을 관통하는 터널은 50개가 넘었다.

우리 가족은 무거운 피난 짐을 지고 함경남도를 거쳐 남으로 남으로 기차를 타고 건너왔다. 38도선 임진강을 경계로 북쪽은 소련군, 남쪽은 미군이 지키고 있었다. 나는 아버지 손을 잡고 마늘 김치와 여비가 든 가방을 들고 16일을 걸어 고향 광주 학강정(학동)에 도착했다.

내가 열일곱 살 되던 해인 1950년에 6·25 전쟁이 일어났고, 인민군은 무시무시한 탱크를 앞세워 7월 23일경에 광주까지 밀고 왔다. 그해 9월 26일에는 다시 국군이 광주에 도착했다.

1950년 9월 30일, 육촌 형이 아직 살아있다는 소식을 전해달라는 심부름을 하러 화순 사평면으로 가던 중 너릿재에서 인민군과 완장을 찬 사람들이 총을 들고 나를 붙잡아 너릿재 상봉으로 데려갔다. 이미 세 명이 잡혀 있었고, 이후 다섯 명이 더 잡혀 왔다.

나를 포함해서 아홉명은 손이 등 뒤로 묶인 채 무릎 꿇고 앉아 처형을 기다리고 있었다.

그런데 갑자기 명령 소리가 들렸다.

"사격 중지!"

너릿재 아래에 국군이 후퇴할 때 두고 간 휘발유 드럼통을 찾으러, 경찰들이 들이닥친 것이었다. 인민군들이 총소리를 낼 수 없는 상황이 벌어진 것이다. 우리는 송전탑 아래로 끌려가 묶인 채로 엎드려 있었다.

세상에 어둠이 내리고 9명의 포로들은 묶인 채로 누구라도 살아남으면 가족을 찾아가 소식을 전해주기로 약속했다.

사형장으로 끌려가자마자 나는 죽을힘을 다해서 광주방향으로 굴러서 내려갔다. 그때는 민둥산이었다. 억새 사이로 내가 달려가는 모습이 그대로 노출될 수밖에 없었다.

따따따따…

총탄이 왼쪽 귀 위 머리를 스쳤고, 피가 흘러 온몸은 흘러내린 피와

아침이슬과 흙으로 범벅이 되고 손과 발이 절절했다.

멀리서 사형시키는 **"탕! 탕! 탕!"** 총소리가 들려왔다.

다시 확인 사살하는 총소리가 났다. **투탕투탕탕탕탕…**

무서움에 떨며 기어가듯 도망치는 도중에 갑자기 소나무 땔감을
지게에 지고 가는 사람이 나타났다.
나는 그 지게꾼을 방패 삼아 빠른 걸음으로 걸었다.

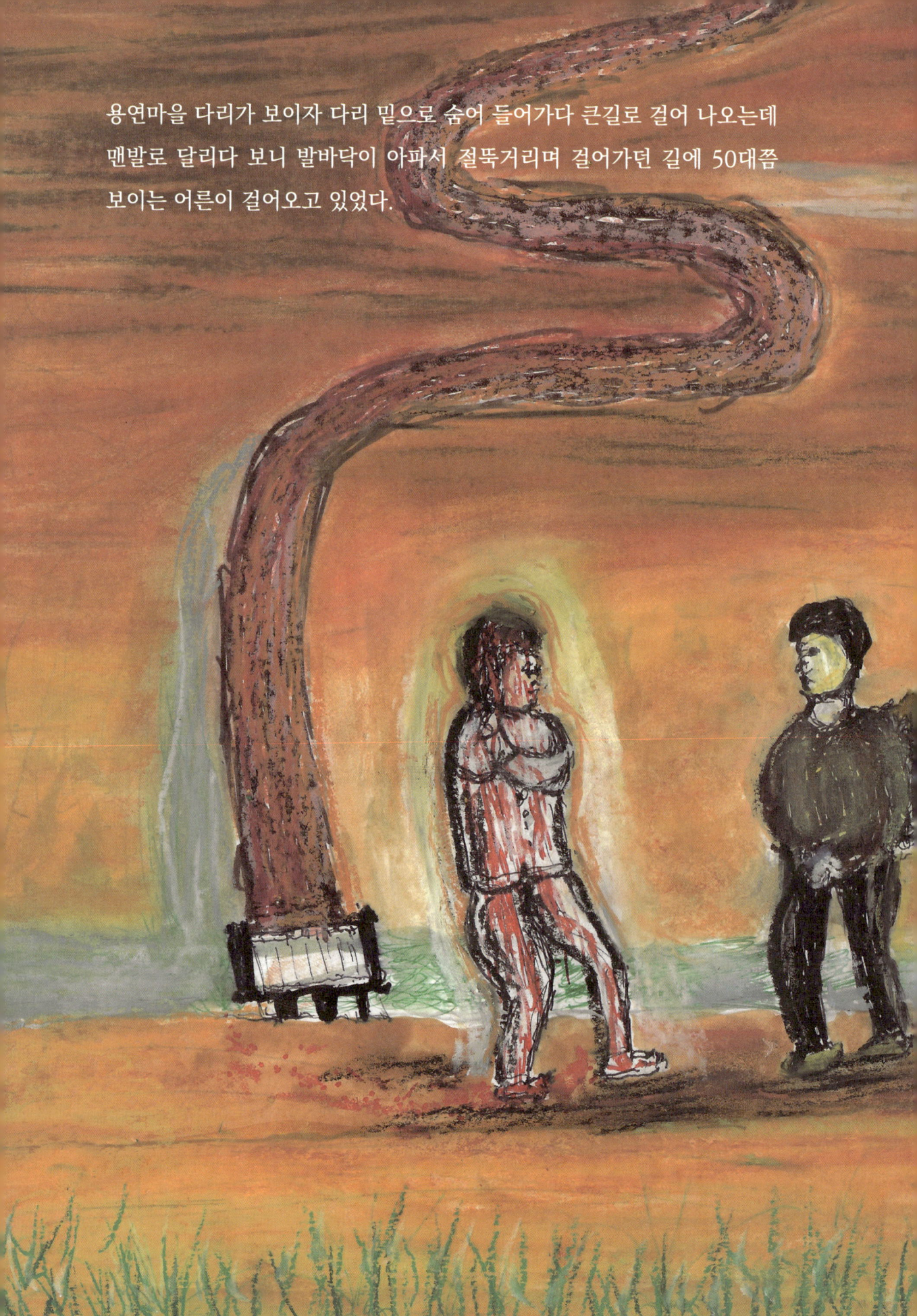

용연마을 다리가 보이자 다리 밑으로 숨어 들어가다 큰길로 걸어 나오는데 맨발로 달리다 보니 발바닥이 아파서 절뚝거리며 걸어가던 길에 50대쯤 보이는 어른이 걸어오고 있었다.

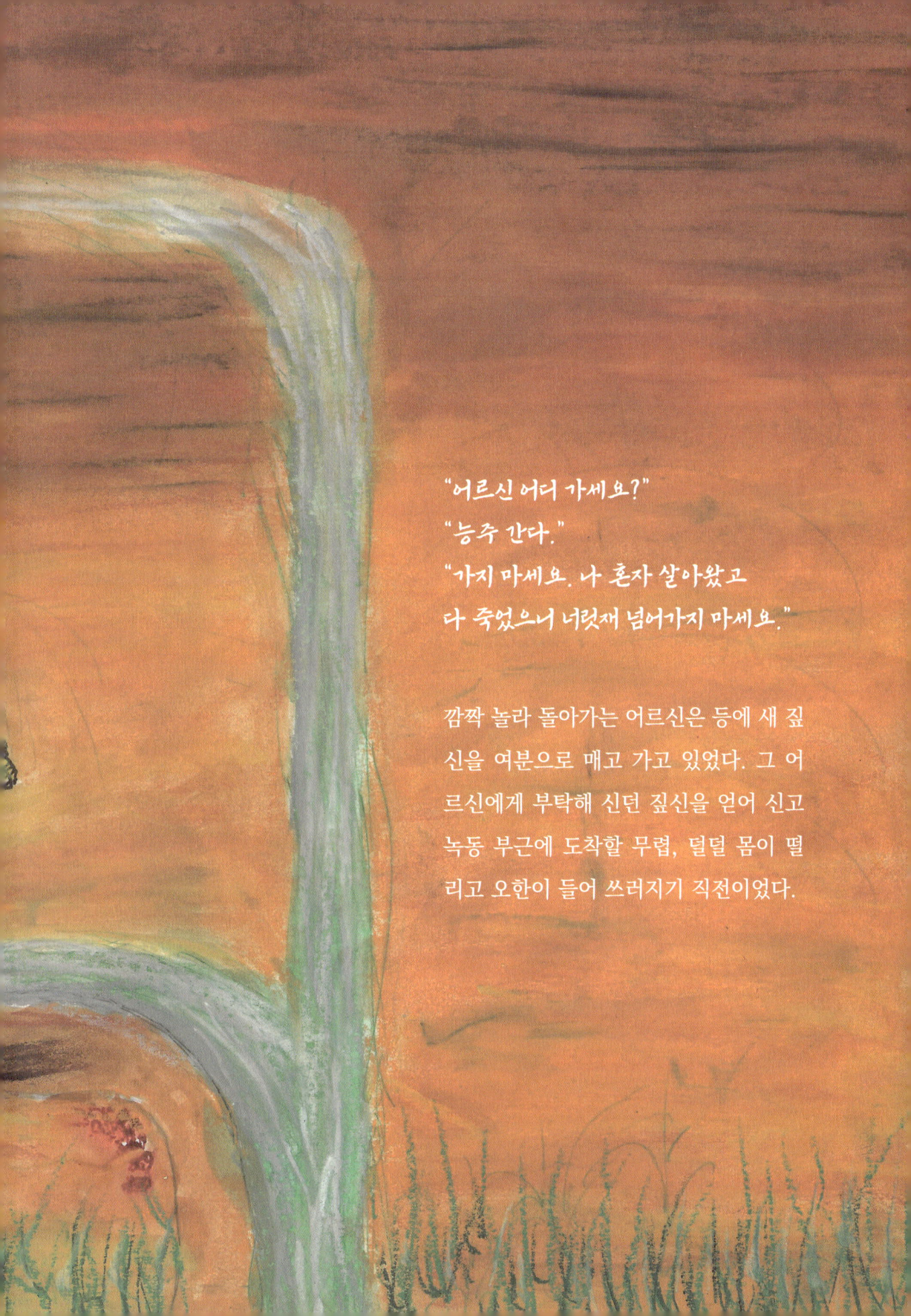

"어르신 어디 가세요?"
"능주 간다."
"가지 마세요. 나 혼자 살아왔고
다 죽었으니 너릿재 넘어가지 마세요."

깜짝 놀라 돌아가는 어르신은 등에 새 짚신을 여분으로 매고 가고 있었다. 그 어르신에게 부탁해 신던 짚신을 얻어 신고 녹동 부근에 도착할 무렵, 덜덜 몸이 떨리고 오한이 들어 쓰러지기 직전이었다.

바로 근처 산 밑에 작은 집 부엌에서 볏짚으로 불을 피워 밥을 짓고 있었다.
"아줌마, 저 너무 추워요!"
아주머니는 밥하던 불을 부지깽이로 꺼내어 불을 쬐게 해 주셨다.
피와 땀과 흙투성이로 범벅이 된 몸에서 김이 나고 피비린내가 진동했다.

몸을 추스르고 학동 집으로 와서 마루에 쓰러지듯 "누나!"를 외치고 는 정신을 잃었다. 눈을 떠서 보니 다시 어둠이 찾아와 있었다. 상처에는 조선 된장이 발라져서 꽉 묶여있었다.

내 나이 열일곱에 구사일생으로 살아난 후,
나는 나를 살려주신 나의 신에게 약속했다.

'죽을 목숨을 살려주셨으니 선행을 베풀며
진실하게 살겠습니다'
라고....

나는 그 후 쓰레기를 치우는 청소 인부들, 천혜경로원, 이일성로원, 무등고아원 등을 매년 방문해서 아낌없이 지원하며 더 가난하고 어려운 사람들과 정을 나누고 욕심 없는 삶을 살았다.

일제강점기 나라를 빼앗긴 노동자의 아들로 태어나 전쟁을 겪으며 일곱 번의 기적으로 살아남았으니, 나는 강인한 생명력을 지닌 잡초와 같다. 황무지에서 자라는 잡초처럼 끈질긴 생명력으로 핀 꽃의 이름, 주 대 채(붉고 큰 아름다움을 뜻하는 이름)다.

덧없는 인생 같지만 나는 진실하게 살았고, 가난했지만 사람들을 돕고 함께 살아왔다. 그렇게 1980년 5월, 전두환 군부 쿠데타 일당에 의해 광주가 고립되었을 때 광주시민들과 함께 나눠 먹으며 저항했고, 최선을 다해 육 남매를 훌륭히 가르쳤다. 돌아보니 잡초였던 내가 이제는 아름다운 한 송이 큰 꽃이 되었다.